AF599717

# Abrir la tierra

Este libro ha sido impreso con papel 100% reciclado.



lasturaediciones.com / info@lasturaediciones.com

*Colección Alcalima, n.º 254*
*Dirige la colección: Isabel Miguel*

Editado en Madrid, España.

*Primera edición: octubre, 2025*

Depósito Legal: M-20188-2025
ISBN: 979-13-990770-5-6



Impreso en Antequera, Málaga (España)

Luis Ramos de la Torre

# ABRIR LA TIERRA

COLECCIÓN ALCALIMA DE POESÍA N.º 254

# Nota preliminar

*Abrir la tierra* se estructura en tres partes conectadas entre sí como un cruce de caminos necesario y vigente escrito desde la reivindicación poética y política, y siempre al lado del respeto por la verdad, la historia y la memoria.

La primera parte, "Letanía del topo", está dedicada a todas aquellas personas que se vieron obligadas a esconderse en su casa, o en los lugares más insospechados, a fin de no ser descubiertos por el franquismo y así poder seguir con sus ideales de lucha y reivindicaciones sociales, aún desde su escondite. La mayoría de los nombres de las personas que aparecen en esta parte, así como sus experiencias, están recogidos en el libro *Los Topos* de Jesús Torbado y Manuel Leguineche, editado en 1999 por *El País-Aguilar* en Madrid.

La segunda parte, "Si no tuviese ojos", está centrada en las dolorosas experiencias de los presos y presas de la cárcel de Lugo durante la Guerra Civil, la Dictadura franquista y la posterior transformación de tanto dolor y patente olvido en el actual Centro Cultural lucense *O Vello Cárcere.* Los nombres que reivindicamos en los poemas, y que aparecen como representación de todos los demás, son algunos de los que figuran en los paneles actuales de información en dicho Centro, y se relacionan con personas internas, maltratadas, vejadas o asesinadas dentro de esa cárcel.

La tercera parte, "La voz de las cunetas", se corresponde casi íntegramente con los poemas de mi libro *Entre cunetas* publicado en 2015 por la editorial Baile del Sol.

# Prólogo

*Alberto García-Teresa*

El fascismo necesita la aniquilación física y moral de su enemigo. A eso se dedicó el franquismo, a través de todas sus herramientas (poder militar, político, religioso, moral y económico) durante su régimen formal. Y en esa estela ha seguido operando mientras sus secuelas se han ido manteniendo en los ámbitos de dominación tras la implantación de la monarquía parlamentaria y el pacto de amnesia que le abrió la puerta. Porque el intercambio de figuras en una estructura puede quedarse en una mera ampliación de manos que acceden al poder, como de hecho pasó. Sin ninguna pretensión de llevar a cabo un ejercicio colectivo de verdad, justicia y reparación, quienes dirigieron la flamante nueva democracia continuaron arrojando tierra en las cunetas, ahora mezclada con decepciones y esperanzas ahogadas, cerrando cerrojos en las cárceles y escribiendo por los mismos renglones y en los mismos cuadernos que el régimen les dejó.

Luis Ramos de la Torre lleva mucho tiempo trabajando en desenterrar la historia de las víctimas, por abrir la tierra (sellada por unos convencionalismos sociales dictados desde arriba) y por dar nombre (el mínimo gesto de dignificación y, aun así, hurtado) a lo que ha sido borrado o sobre lo que aún apenas se ha volcado la mirada. Atraviesa ese territorio con el impulso indagador de quien reconoce la responsabilidad del privilegio del emisor. Con generosidad, Ramos emplea su palabra para buscar y, sobre todo, compartir luz. Este volumen trae al presente aquello que la historia oficial pretende continuar emparedando tras las estanterías de la aconflictividad que lubrica el capitalismo y esta monarquía parlamentaria. Las tres secciones que componen *Abrir la tierra* suman perspectivas, hechos y lugares para mostrar la historia de la desobediencia, de la respuesta ante el terror oficial. Para golpear el silencio que, cebado con la vergüenza, el estigma y la miseria, ha logrado que esos acontecimientos y esas vidas permanezcan invisibilizadas. Las lleva a la plaza para que todas podamos conocerlas, vivirlas y estremecernos con ellas. Para identificar cuánto de ese polvo nos compone, cuánto de esas exclusiones han enmoquetado los despachos.

Escribe Luis Ramos de la Torre a partir de la pluralidad de quien sabe de la fertilidad del campo y que explora con curiosidad y respeto todos sus senderos. Con un registro que parte de un sustrato del indomable Claudio Rodríguez (a quien tanto y tan detenidamente ha estudiado) y que crece a través de una germinación depurada de síntesis lírica, estos poemas destapan nombres, reiteran experiencias, subrayan sentimientos y despliegan evocaciones. Hacen presente. Desentierran, apartan sombras. Y abrazan. Porque lo que bombea ese doloroso recorrido es el respeto, el amor, el homenaje. Humildemente, muestran la crueldad, el dolor, la injusticia y dan la mano a las víctimas y a sus familiares para que podamos, en la medida de lo posible, acompasar su dolor y reconocer el peso del daño. El autor ajusta la modulación (tierna o seca, compasiva o afilada) de cada poema anudando o aflojando la tensión textual y consigue un amplio abanico de matices en este conjunto. Por eso nos sacuden estas composiciones continuamente, porque no reiteran; siguen excavando y manifestando nuevos relatos, nuevas vidas.

Primeramente, se centra en los "topos": aquellas personas que tuvieron que vivir ocultas dentro de sus casas para evitar la represión franquista. Lo lleva a cabo sin idealizaciones, sin caer en la trampa del relato heroico. De ahí que nos señale el miedo, la locura y la angustia que sufrieron. A su vez, incide en la materialidad del entorno; en esa asfixiante reclusión desconectada del tiempo pero radicalmente histórica, a su vez. Enlaza la individualidad de cada uno de ellos con la colectividad de la que forman parte, y también con el momento social, común, que los escondió. Delinea esa experiencia singular y colectiva con ritmo pausado, que lanza y deja espacio para la resonancia.

La segunda parte nos traslada a escuchar a las personas presas de la prisión de Lugo durante el franquismo. El sistema penitenciario continúa siendo, hoy día, un agujero de exclusión cercado y aislado por mucho que se reparen los desconchados de sus paredes. La cárcel, entonces y ahora, es la orilla oscura pero que se coloca en el mismo núcleo de todo el entramado político y económico. En concreto, Ramos de la Torre no encapsula las historias de los presos y las deja al otro lado de la sima del tiempo. Nuevamente, se aprecia el hilo que ata la represión pasada y la presente (cuando no necesita estar bajo cerrojo, sino, sencillamente, bajo un amordazador rótulo de recurso cultural; literalmente en el caso específico de esa prisión). Su retrato es crudo y no ostenta efectismos. Esboza un mosaico de situaciones en las que, nuevamente, lo particular no nos desorienta ni aparta la vista de la política común que rigió y mantuvo esos muros.

Para finalizar, en la última sección del volumen, el autor se adentra en los terrones de la tierra de las cunetas, de las fosas comunes de los asesinados por el gobierno fascista y que aún siguen ignoradas, en gran medida. Y aquí no hay nombres que poder recuperar, porque el anonimato, además de toda la composición mineral que rodea y degrada sus huesos, envuelve a esas personas desaparecidas. Además de la denuncia y de la aflicción, palpitan en esas páginas la incertidumbre y la necesidad de conocer lo sucedido para, por fin, poder cerrar cicatrices. La rabia ante el olvido, que asesina doblemente.

Por eso es tan necesaria la poesía de Luis Ramos de la Torre: exigente con la capacidad de nombrar de la palabra, con la potencia desveladora y reveladora del verso, vigorosa en su mirada cuestionadora, indócil ante las complacencias del relato oficial, solidariamente humana en su exposición ante los otros. Abrir este libro es abrir la memoria para dejar que entre lo que ha dejado fuera el poder fascista. Abrir este volumen es abrir la tierra para que la dignidad pueda florecer. Nuestra es la tarea de regarla.

*Abrir la tierra*

*A quienes deciden no callar y avivar la Palabra y la Memoria*

# LETANÍA DEL TOPO

*A los escondidos, ocultos y fugados*
*tras la Guerra Civil española*

*"escribir*
*todas las muertes son mi muerte*
*mi grito es el de todos"*

Chantal Maillard

*"con la esperanza entre los dientes"*

John Berger

*"si no tuviese ojos*
*para ver, si no fuese*
*no mirar imposible…"*

José Ángel Valente

# I

BENDITA la casa que acoge la tierra en que se alza la hura silente del TOPO.

La arena, el cimiento que alienta y aviva la horrible rutina y la huella de un tiempo culpable y voraz. La tristeza, el destierro insondable de la claridad herida y en ascuas. La parábola amarga de la sombra obsesiva. La angustia en su yermo doliente gota a gota servido. Su cruz.

Bendito lo oscuro alumbrando en su trémulo sol.

TOPOS, irremediablemente, TOPOS. Abnegados TOPOS.

*Manuel Piosa Rosado*, el *Lirio* o *Quemachozas*,

*Miguelico*, el *Perdiz*, el *Furtivo*, *Miguel Villarejo*.

El TOPO no agrede, no araña es quietud aprendida, latencia; no tiene la mirada aviesa que siempre mantienen los grandes traidores a las causas nobles. Busca, necesita, proclama ser libre de nuevo, evitar los estragos de un destierro sombrío, de una desazón que ahoga y maniata. Miedo y aliento que crece y se alivia en el sordo latido de esa herida continua que escribe en el aire.

*Manuel Serrano Ruiz*, el *Anarquista Solitario*.

*Manuel Corral Ortiz*, el *Topo Azul*.

Bendita la tierra, su esencia cómplice, austera y salvadora, El frío manso de la piedra que avienta y labra su agitada intemperie. La libélula de agua inscrita en el sílice. El abrazo amigable del cuarzo. El triste agujero que enceta, agrieta y azuza los días, y a pesar de todo reprime los miedos que sostienen en vilo los sueños del TOPO.

El anexo, la hura, su cerco, la cruel madriguera que aviva el sentir humano animal y su ansia continua de lucha. La antorcha aún inerme de tantas pupilas astutas cegadas a hierro y adrede. El proverbio escindido de la yerba, la yesca y la flor ofrecidas al mar proceloso de su triste rescoldo.

*Pedro Jimeno Espeso*, el *abogado piadoso.*

*Sargento Ramón*, el *Toto*, *Ramón Jiménez.*

El TOPO, tenso y tirante todo lo pesa, lo cuenta, lo calcula, lo sopesa y lo mide siempre en vigilia: el zumbar oscuro y vivo de la mosca, la hechura ejemplar que teje el silencio de la araña, la gimnasia del salto en el aire que los tamos de polvo ejecutan latentes entre algunas luces… y el miedo, el hiriente, el constante miedo. Porque el hombre escondido, mariposa clavada con los alfileres del odio, siente como nadie, siente sin remedio, siente con urgencia la densidad inexplicable de ese espanto que vive en el agrio desamparo de la soledad distante.

TOPOS.

*Andrés Ruíz*, el *Mudo*

*Saturnino de Lucas*, el *Cojo*

*Aniceto Rodríguez Martín* de Cañizo

Bendito el silencio, la monotonía que asegura el pulso y anima la fuerza callada del TOPO. El santo y atento goteo del agua, medidor del tiempo confuso en un grifo averiado y viejo que asegura de lejos la vida serena y el curso de un río cercano que fluye, sin duda, igual que lo hiciera aquel otro antiguo de ranas e infancias eternas que está en el recuerdo.

Bendita la vida y su apego constante fuera de la luz, el anhelo que lucha a contracorriente de las ignominias y las injusticias que mantienen candada y cerrada la boca abatida de los escondidos. El susto continuo, el conjuro inocente, el encajonamiento, el temblor de la sombra, lo indigno de los delatores y escudriñadores que crecen y se multiplican buscando las sobras, altiva locura indecente que no se reprime ni ceja, y vuelven al TOPO inseguro y doliente entre dudas constantes y en vilo.

*Pablo Pérez Hidalgo*, alias *Manolo* el *Rubio*, el último guerrillero.

*Jesús Montero*, el *Emparedado* de Sada.

El TOPO, aliviado en su espera con pequeñas semillas de abrazos soñados desde su secreto, todo lo observa y contempla con mirada clara, con los ojos atentos y el brillo indigente de quien mira fijo desde la penumbra; porque el lastre y el desasosiego mordiente del engaño y el encierro elegido atenazan su dudosa culpa, el hervor del sollozo, la picazón perenne de los párpados; igual que el abismo y la herida terrible que aún merodea y sigue doliendo.

TOPOS. Escondidos. Recelosos. Fugados. Siempre en carencia.

Moradores del hueco y lo oscuro. Asustados. Perdidos.

TOPOS, tras las luchas ha habido. TOPOS, sí, cómputo tras cómputo, activos medieros de sus propios auspicios; pero ¿cuántos? No hay un número exacto entre todos aquellos perdidos y muertos, siempre transitorios y contestatarios, que aún piden como salvaguarda y a gritos que se abra la tierra.

*Juan Rodríguez Aragón*, el *Novelista cobarde.*

*Santiago Marcos Marcos*, el *Poeta Topo.*

Bendita la oscuridad, la penumbra mocha que procura el limbo insondable de la firmeza sin culpa, las fronteras del hueco, la luz de lo intacto. La delirante condición del vértigo cansado al que el temor impulsa. El hábil purgatorio de los ruegos, de las irritantes promesas incumplidas.

Por cada palabra callada, por cada acción detenida entre la fiebre y la nieve de los presentimientos, marcar un hito, una miga de luz, una candela encendida y una lamparilla que mantengan vivas las llamas y brasas de tanto sufrimiento, y pueda enderezar el rumbo, el incendio necesario de su fruto; la gloria cercana, el limpio don de su horizonte, la gracia del aire.

TOPOS. Enterrados y deshabilitados en vida. Ocultos en su desgracia pero altos en dignidad. Soterrados entre la sístole y la diástole de la vergüenza. Recordados y nombrados desde el tambor insistente de la arenosa venganza que incendia las venas. Abandonados, suprimidos, y tantas, tantas veces olvidados.

Detrás de las grietas de las bambalinas y el escenario de su tormento, entre lo umbrío y la ocultación continua de la muerte y del aliento, hay pájaros de colores volando entre las ramas del árbol de la concordia, pero tristemente, aún están lejos.

Abrir la tierra. Cavar y cavar sin tregua, regar los huecos desde el alma doliente de una vez. Crear espacio.

*María Teresa Ramos* y *Juan Jiménez Sánchez, Cazallero.*

*Manuel Cortés Quero*, el *Alcalde* de Mijas.

TOPOS. "Muertos vivos" detrás de la claridad, junto al sur callado del árbol o de la ventana que un día eligieran como testigo de la despedida. "Muertos vivos" que campean la sordidez nunca mansa de lo estrecho en un zulo minúsculo de alta esperanza, contenida vergüenza y pavor inmóvil.

TOPOS, presente continuo, pasado insurrecto, futuro probable. Tiempo trémulo y seco florecido en el timbre disperso de su diapasón fuera de su propio tiempo.

*Ángel Blázquez, Antolín Hernández, Manuel Sánchez...*: La *topera de Béjar.*

*Eulogio de Vega*, de Rueda.

Bendita la casa que abraza y guarece. Bendita la tierra protectora que aviva. Benditas la arena, la vida, la oscuridad que azuza la sinfonía del corazón desbocado; la uña silvestre que araña, el ojo sereno que alivia; la hura, la madriguera, el aliento, la penumbra recia compañera siempre alentadora como las urces del miedo; el vértigo, el ruego, la libertad necesaria…

El olvido alimenta la pena y la angustia cruda del desorden y el desaire. TOPOS. La epístola irritante del tiempo quebrado que en su curso impaciente escribe y reitera más y más páginas de dolor y de muerte. TOPOS.

*Teodomira Gallardo* de Carpio de Tajo

*Protasio Montalvo* de Cercedilla

*Juan* y *Manuel Hidalgo España…*

*España, España…* apellido latente y sonido que abarca toda una geografía de la trampa, del horror y del sufrimiento oculto tantas veces sin salvaguarda alguna y no siempre atopadizo. Barbecho imperfecto de la compasión. Plano mudo. Meridiano de la vergüenza. Mapa feroz donde las brasas amargas de la injusticia aún bailan con las pavesas insistentes del silencio.

Abrir la vida. Abrir la historia. Abrir la tierra.

Abrir…

TOPOS. Bendito el ejemplo. Bendito el recuerdo.

Benditos.

# II

SE les torcieron los sueños como a un clavo que vira por el peso de lo rutinario, siendo TOPOS. Chocaron contra la impostura, contra el desdén que siempre al otro ignora, y buscaron la esperanza erizada de las flores más cercanas, la resonancia de la penumbra fiel en los ojos, la estrecha luz de quien desde dentro sabe reír y mira limpio más allá de la vida y de la muerte.

Fueron raíz crecida entre lo más umbrío y solitario, ramas de la sombra hervida en el silencio, clorofila negra y mínima que agitó la savia de la espera contra la ignominia, contra el tormento deshilachado de una vida herida y rota junto al desarraigo.

Estallaron los días, se rompieron los silencios, resina vieja que a la postre les cubrió y marcó contra el hollín escabroso y los nudos carbonizados de lo no transparente, contra la densidad brutal de las paredes. Y lloraron escondidos, lloraron contra el miedo, siendo TOPOS. Apreciaron el olor lejano del brote del árbol de los espejos convirtiendo en instante doliente su brusco viaje en el tiempo a la intemperie.

Hicieron de la lucha callada el pistilo de la flor de la historia que se abre necesaria contra el olvido que propagan los ministerios del odio, y lo lograron desde su propio naufragio con la greda en sus gargantas, desde el amor a la vida y a los suyos con la entrega callada de quien a pesar de todo sabe esperar por lo que da la felicidad y tiene sentido.

Explotó la vida contra la oscura gravedad de lo que asusta, contra el letargo de los labios que no dicen nada, pero al final –aunque no a todos– les llegó algo de la alegría soñada, algo de la templanza callada de esos abrazos que aligeran el olvido, algo de la certeza de lo paciente dándose contra su opacidad, contra la lepra de sus filos.

Así, *nunca en doma*, pero con el sueño y el deber cumplido siendo TOPOS, siguieron a favor, siempre a favor del amanecer de los humildes y más pobres, de lo singular de esas vidas que tanto nos siguen enseñando y nos hacen pensar, cuando hasta en los límites de su propia conciencia dolorida se oyen desde abajo los ecos amargos de una cruel biografía.

Desde abajo, sin ruido y a la contra. Siempre a la contra, la inteligencia y el amor haciendo de sus paredes, de sus hules, de su sed y de sus migas alimento. Como el árbol se hace cielo y se alza álgido entregándose a la contra y desde abajo, siempre desde abajo.

TOPOS.

## III

junto a *Teadomira Gallardo Carpio,*
y en representación de todas las mujeres TOPO.

A LAS fugadas, a las exiliadas adrede de la trampa y de su reloj de arena siempre trucado. A las que niegan la mala ley y los excesos ofrecidos por los alentadores y defensores del miedo. A las que se acogen al favor de lo contestatario y hacen trizas los gritos de la sumisión.

A las recias capaces de vislumbrar lo indecible, a las excluidas voluntarias del engaño, a las que maldicen los días abominables en que el mundo no tuvo arrestos para exculpar las dudas de tantas perdedoras hartas de esperanza. A las que tañen sus cantos contra el sucio responso de la mentira de las voces sin labios ni boca. Al brío de sus brazos y al aire limpio de sus guedejas, alta brisa de árbol consecuente.

A las que rehúyen lo frágil, lo superficial, el eco de lo turbio, la melancolía, lo que bulle entre las bambalinas filfa de los idearios. A las que devanan el desengaño de los oráculos tejidos por el eco y el zumbido de las palabras hueras. A las que conocen el exilio en las páginas del vértigo.

A *Teodomira.* A *Teodomira Gallardo* in memoriam. Mujer TOPO, mujer viento, mujer agua entre la confusión que abraza la soledad y el tacto. Mujer árbol, junto a la palabra que fue lentitud y mediodía, que fue horizonte y voz. Mujer tierra, mujer greda, siempre viva. A ella, a todas ellas.

No les digáis, no les habléis ahora de tanto feminismo malversado en los despachos oficiales y en las rotativas de la prensa hueca experta en vaticinios, no les nombréis el viejo temblor de la melancolía, ni los sentimientos o el fragor de los sueños. No les habléis de la niebla ni del frío aquel que vieron detrás de los visillos sombríos de la esperanza inmóvil. No les recordéis la falacia de tanta falsa igualdad mal compartida, ni el son de las esquilas autocráticas que entorpecen el canto oreante de los pájaros.

Recordadlas, cuerpo y alma libertos y apacibles en su desnudez y su frescura, con el gesto sincero de las alegrías, con la risa y la bronca abierta como herramienta necesaria. Sentidlas en los tránsitos vivos del silencio, entre lo oscuro de la fuga y de la hura, en la huida de las garras de cualquier dictador fantoche o mal gobernante reciclado en leyes torvas de memoria y falsa democracia.

Esperadlas en el relámpago de un campo henchido de carámbanos que siempre busca su deshielo. En las grietas donde nacen las yerbas únicas y libres, en los charcos pisados por los niños que buscan en el barro de la inocencia las esencias de la vida, en las guaridas y en los agujeros de aquella infancia volatinera que incendió los días de sonidos y esperanzas.

A ellas, a las exiliadas de los ruidos, a las rehuidoras de las cancelas que clavaron adrede los funambulistas del pavor, a las que no cantaron los poetas y músicos serviles e institucionales. Las del tronco sano, las de las venas limpias del arrojo o el anticipo nuevo de la savia, las que no protagonizaron las novelas y los chismorreos de la maledicencia adocenada, las de la chirimía muelle del almendro nevando marzos sin sutura, las del desobediente acordeón henchido en los brotes de las hojas de los árboles.

A las que siguen aquí, ofreciéndonos ahora el pífano de la serena lucha en forma de respuesta, como hombros activos y reivindicativos de un sentir necesario, crucial y contestatario. A las que, desde su memoria y su recuerdo, abiertos y entregados al fresco oreo de la vida, renuevan el canto urgente y necesario a favor de la Naturaleza fértil y de un mundo más claro y sereno.

A ellas, a todas ellas, las necesarias, las del candil que avienta las aspas de la piedad, las tejedoras de las hebras del agua que azuza lo claro, las entregadas al grito que deshacen con su canto el humo de la soledad y del silencio; compañeras, mujeres o familiares de los TOPOS que incendiaron la vida y el corazón de alegría callada e hicieron de la resistencia un canto acogedor y una semilla plena de memoria, aliento y lucidez.

## IV

ENTRE los tuyos, servil obediente, lacayo continuo de la trampa, no ha habido nunca ningún escondido en toperas anexas, local accesorio, huecos de sótanos o falsos altillos donde poder ocultar el bramido de la luz rota por la abrasión del grito contenido.

Tú, entregado a la causa de lo torvo, avecindado a veces con la fragilidad, has visto otras tardes oscuras, otras noches más cortas, y has oído otros ruidos que suenan ajenos al rumor seco y sombrío de los agujeros.

Tú, entiendes y asumes, por ello, que la proximidad al dolor que sintieron aquellas gentes valientes cercanas o familiares de los TOPOS y el murmullo que dejaron tras de sí, te llega de lejos.

> Cuentan los relatos, dicen algunas voces, que en varias ocasiones como éstas, muchos mandatarios o ciertas personas del pueblo obligadas y anestesiadas por el lucro, también se lavaron las manos.

Entre los tuyos no ha habido nunca ningún perdedor fusilado, condenado o recluso por ideología, o por encontrarse en cualquier lugar o momento que pudiera convertirse en algo fatal o inesperado.

Tú, sumiso confeso, has visto a gentes distintas, a las que también sucedieron hechos terribles, intentar capear a su modo el runrún de la tristeza tendida al oreo en otras yerbas igual que éstas, tan secas y recias como éstas; pero sin ser éstas.

Tú, asumes y estimas, por ello, que cuando se leen o escuchan sucesos que cuentan relatos como estos, no se encienda al momento la luz de su urgencia ni se encuentren de pronto las palabras perfectas. Y huyes de nuevo.

> También entre sus alas, asustados y ateridos de angustia, los avestruces esconden la simpleza sin mester de su mirada, y se ocultan.

Entre los tuyos no ha habido tampoco nadie abandonado, ni perdido, o desaparecido entre la tierra de esas extensas cunetas, enjambres de olvido, que pueblan esta España rastrera y asustada, y llenan de horror la Memoria y la Historia de un triste país entregado a mirar sin rubor ninguno hacia otro lado.

Tú has visto a la gente recordar otros aconteceres supuestamente luctuosos que al final resultaron ser verdades a medias. Y aceptas, por ello, que es fácil dejarse llevar hacia los territorios perversos de la desafección, el engaño y el olvido.

> Cada cual gira la cara y el gesto a su manera cuando en el lugar más insospechado y cómplices de la indecencia, surge una nueva "noche de los cristales rotos".

Sin embargo, lo más preocupante, eso que no entiendes, ni asumes, ni aceptas, es que la vergüenza de la desmemoria acostumbrada lleve a la vejación, a la mofa y a la falta total de respeto hacia quienes verdaderamente lo sufrieron.

No hay palabra, ni verso, ni poema, ni canto indolente que frente a tanto espanto, herida y crueldad, atesore y asuma en silencio tanta indiferencia.

## V

*a quienes aún siguen mirando hacia otro lado*

A DÍA de hoy, cuando la impostura nos supera y la verdad es agua caída en un cesto, no lo dudes, y olvídate del miedo; no te preocupes más, no te derrumbes, sigue ahí con ese sagrado silencio mirando, como un ritual de lo escéptico, hacia otro lado.

Tú que dices estar orgulloso de tu callar continuo, tú que aseguras no tener nunca miedo, tú que no formas parte de los desheredados, puedes seguir engañándote así. Pero ellos, los TOPOS, los ocultos, los escondidos, a los que quisieron engañar en más de diez ocasiones con la propaganda de aquellos falsos indultos; sí tuvieron miedo, mucho miedo, más que miedo. Miedo de sí mismos. Miedo por sus familias. Miedo de la luz, de las garras de la penumbra y de la terrible oscuridad de sus toperas y refugios. Miedo del propio miedo y del agujero instalado en sus conciencias. Y por el miedo callaron, fueron adalides de un silencio impuesto e impostado por el susto y la sospecha.

*Ángel Pomeda Barrera*, TOPO vagabundo de sí mismo, perdido entre la indescifrable humedad de las lágrimas retenidas, escondido entre sus papeles falsos y sus corbatas en venta entre la arena de aquellas playas de la Costa del Sol, abiertas a la modernización de los demás, pero para él cerradas y ocultas como su identidad y su soledad; entre el dolor, el terror y la lucha, siempre tuvo miedo.

*L'amo en Joan*, TOPO escondido en un pozo y denunciado por las monjas de la Caridad, para ser luego asesinado. *Bernardo Santamaría* de Alcira, TOPO detenido, muerto loco después en la cárcel en 1972. *Jesús Montero*, del Partido Comunista de A Coruña, emparedado durante veinte años en la alacena de una cocina: TOPOS con miedo y valor. TOPOS, ungidos con los estambres de la escarcha retenida en los deseos y con un pavor endémico que calaba los huesos. TOPOS, con esa 'perturbación angustiosa del ánimo por un riesgo o daño real o imaginario' como definen las academias al propio miedo.

Pero tú, deja de estirar el arco del arrobo confuso entre los vanos de la lástima, y aunque el tiempo de hoy no traiga el sifón hosco de aquella niebla como entonces; aunque no puedas esconderte cobardemente en ella como sueles hacer siempre; no te apures, no te preocupes más por el trajín timbal de las palabras, ten calma, sigue aherrojado en tu silencio; no hables, no digas nada. El tiempo, adormidera de las penas, es otro ahora y todo lo cura, es bálsamo y talismán, es otra la vida: espejismo, recoveco y dolor de aquel antiguo sarpullido supuestamente ya curado que llamaron los ilusos compromiso con la gente, entrega y solidaridad.

Ya ves, vivir es una avena loca, un potro desbocado que muchas veces no produce nada; así que tú, huye del aullido deslenguado y de los laberintos de la sangre, y no andes dudando más, no te comprometas. Ya sabes, todo aquello solo fue palabrería, silbido tartamudo, eco sonso, necedad, utopía, locura, boba labia, sonidos huecos... Hay que ser más listos, más modernos. Tú siempre a lo tuyo, con ese silencio que eliges. No hagas como aquel entristecido y apocado *Andrés Ruiz* el *Mudo*, TOPO de Armuña de Tajuña, quien callaba no por no querer hablar, sino por no poder hacerlo después de veinte años oculto; los médicos no hallaron, dijeron, enfermedad o lesión alguna en su garganta, el silencio no elegido y el miedo, como arena que mueve cualquier mal viento, le secaron y atrofiaron las cuerdas vocales. Pero tú no eres huésped de esas lindes, no respiras el fragor de esas calimas, otro es tu derrotero.

Por eso, ¿para qué pensar en los problemas del resto, para qué recordar la yesca, la tolvanera añeja de sus luchas, para qué pensar en los pardales del ruido apostado entre su insomnio? ¿Para qué hablar de aquello que llamaban *lo común*? Son ejemplos de agonías dormidas en la espuma más débil de la tierra, la tierra de los vencidos; germinaciones y ondas torpes del lenguaje, la pajiza vergüenza de los otros, su fatalidad, su descalabro. Ellos, y no tú, son la anomalía.

Lo tuyo busca otros anclajes, otros números, otros adjetivos. Tú sigue solo y a lo tuyo. Tú estás seguro y absorto en la cúpula y la cima de tu propia lucerna sombría y nunca tienes miedo, eso no está en las riberas de tu seguridad y tu transparencia; por eso siempre callas y miras hacia otro lado. ¿Para qué la compañía y la verdad de los espejos? ¿Para qué la amistad y la entrega, si únicamente logra apartarte y distraerte de lo que realmente importa?

Tú nunca estás en desgracia, no tienes miedo de tu cuerpo, ni del ruido, ni de la inseguridad, tú no eres vulnerable. Tú, sembrado de sueños, nunca corres riesgos. Tú, como los poetas y los músicos de la alharaca y el atronamiento, plenos de goces y de éxitos, y felices entre los miasmas de su propio olor, siempre callas.

Ya lo dicen las altivas consignas de esta sociedad anestesiada, las de las cornetas y clarines de la gran felicidad y la falsa alegría que nos ofrecen a diario. La vida, la usura de la propia fragancia inexpugnable frente al resto, hay que apurarla hasta el borde del vaso, hasta el borde del borde, hasta la orgía con la soledad y lo superficial, que tan bien nos construyen.

Sigue así, hurón de los elixires máximos, heliogábalo de lo propio, y calla. ¡Bebe, bébete ya a ti mismo y a tus triunfos, alárgate los días entre tu valentía silente! ¡Ensimísmate, practica tu liturgia de la oscuridad, la densidad del escepticismo y del olvido! Pero recuerda siempre aquellas palabras claras y contundentes del poeta: "*Largo se le hace el día a quien no ama, y él lo sabe…*".

## VI

PORQUE el aire y la luz conocen
el don y la fértil sembradura de la tierra,
purifican y propician
lo crucial de la vida,
la sazón de la espera.

El TOPO humano nunca olvida
la condición raigal del humus,
su liquen necesario,
ni descarta el prodigio de los olores únicos,
la prevalencia de la sombra.

Ansía, sin más,
renacer en su respiro.
Darse de alta del silencio.
Vivir.
Habilitar sin más su letanía.

# SI NO TUVIESE OJOS

*En memoria de todos los presos y asesinados en la cárcel de Lugo y en todas las cárceles en tiempos de la Guerra Civil y la posguerra.*

*A todos los desaparecidos en cualquier lugar.*

IGUAL que Miguel Hernández,
poeta,
murió abandonado en una cárcel oscura,
así murieron de pena y de rabia,
en Lugo,
muchos presos republicanos.

Y en el círculo letal de su Panóptica,
entre la curva singular de sus arcadas,
los muros de las celdas asumieron
el tufo del terror que aún nos estremece.
¡Cuánta nieve en el corazón
y cuanta lluvia sucia!

Miedo, mugre,
y enfermedad siendo testigos
de todo aquello escrito en las paredes.
Dolor y luto en alza.
Frío.
Geometría del temblor.
Cárcel y espacio que cuaja la sangre.

*O Vello Cárcere.*
Lugar turístico, hoy.
Centro Cultural.

LEJOS de ese cofre sin cierre
al que llaman olvido,
                    y cerca
del miedo atroz a repetir de nuevo lo mismo.

Lejos de la infamia.
                Aventar, seguir.
Excarcelar de una vez la memoria.
Víctimas, presos.
Panóptica reclusa ya marchita.
                    Espacio.
Lugar del pueblo en Lugo.
                        Cárcel.
Plaza de Canalejas entonces,
                            y hoy,
Plaza de la Constitución.

¿Dónde el reconocimiento?
                    ¿Dónde el recuerdo
por tanto sufrimiento sin sentido?

El tiempo acuña el sueño de las piedras,
lo verdadero y real sin permiso.
¿Por qué el silencio
                ante tanto dolor infame?
¿Por qué tanta desvergüenza?
                    Temor, guerra, postguerra.

Reivindicar lo que pasó.
                    Testimoniar.

Atestiguar es necesario siempre y tan moral
como el deseo cultural de ahora.

Excarcelar, urgir la vida y la memoria.
Darle aire. Aliviar el frío.
Panóptico falsario.
                    Panóptico cruel.

CUALQUIER muerte desconoce su identidad.
Cualquier asesinado es uno de nosotros.
De todos nosotros.

*Campos López, Hortensio.*
*Campos Rodríguez, José.*
*Campos Teijeiro, Estrella…*

"Mi querido papá:
–escribía alguien–
En los últimos momentos de la vida
le dirijo esta carta
para darle el último adiós…"

*Cela Arias, Estrella.*
*Cela Gómez, Marcial.*
*Cela Míguez, Ramiro.*

"No siento el morirme,
sólo siento dejar
a su hija, esposa ideal,
buena compañera, la mejor madre,
persona jamás de hacer daño alguno
a nadie…
Nunca creí que en este mundo
hubiese gente tan ruin,
porque le sacan la vida
a la gente que más vale, a la mejor…"

*Díaz Díaz, Manuel.*
*Díaz Diéguez, Manuela.*
*Díaz Doval, Francisco.*

La lista de reclusos es atroz,
                                        inmensa,
y desde la caligrafía del recuerdo hoy llena
las paredes escritas de una celda.

*Alonso González, Consuelo.*
*García Nuñez, Ramón…*:
                                Fusilados.

Y como siempre ocurre,
como dicta natura, al tercer día,
allí nadie resucitó.

¿QUIÉN dijo que las piedras
no sabrían gritar,
que el aire herido y roto no se quejaría?

Infecciones. Esputos.
Parásitos.
Respiración forzada, espasmos.
Pulmones ateridos.
Digestión terrible
del hambre enfermiza y del miedo retador.
*O Vello Cárcere.*

Rancho escaso cocido en la humedad.
Rancho de agonía y de muerte.
Frío.
¿Dónde las medicinas?
¿Dónde
el yodo o la prescripción sanitaria?
Reprimidos.
Abandonados.
Soledad piojosa en compañía.
Vejaciones. Torturas indirectas.
Así actuaba a diario el cruel,
el ultracatólico Movimiento Salvador.

Es tiempo ya,
es necesario.
¡Que la Historia cumpla de una vez con la justicia!

¿ERROR?
          Horror.
Filosofía carcelaria inquisitiva.
                                        Bentham.
Panóptico de Lugo.
El pensamiento mercenario en acto de servicio
ofrecido al control del vigilante.

Torre central,
          el ojo atento,
el ojo circular que siempre observa.
Contraluz de ventanas con los presos como foco
y la mirada abierta en cerradura.

Recluso visto, recluso contado.
Cárcel Modelo,
               Alzamiento Nacional.
Seguimiento. Terror. Cómputo.
El ojo instigador del carcelero,
la agonía de la tierra desolada,
las flores negras y rijosas de la dictadura.
Visión perfecta.
                    Engaño manifiesto.

Y entonces, como ahora, en falsa paz
parece que todo es siempre innovador.

COMO una consigna obligada,
como una liturgia sin tregua,
                                        o un rito,
dos veces al día tenían que gritar
¡Franco, Franco!, con fuerza,
                                        insistentes.

*O Vello Cárcere.*
Hotel barato, entre bromas,
                                        decían,
*Hotel Canalejas*, gratis contra la soledad.
Y tristes, se reían con rabia y dolor.

Tortura y miedo en las celdas, sufrimiento.
                                                        Y el alma,
abatida entre tanto calvario y sinrazón.

Y A pesar de seguir abrazando la vida,
un nuevo día
era siempre un día triste.
La aurora seca y el agua caliente
teñida de malta y herida.
Teñida de dolor,
ya de mañana,
en aquel coro de pavor y de hambre.

Desayuno de rabia e impotencia.
La carencia adherida a un bollo oscuro,
único pan de pena hiriente
hasta las siete de la tarde.

Horas de espera cruel, de vacío.
Sed y miedo de vergüenza,
y hedor.

Y el tiempo sin alimento tenaz,
como una losa, siempre en contra.

UN paso, dos.
De pie,
presiones entre compañeros,
estrecheces.
Impar juego diario de alternancias,
mientras otros se sentaban para dejar hueco.

El respeto al lado de la indigencia.
Solidaridad.
La vida sin espacio ni soltura,
ni sol claro al que al menos darle pena.

Sin lugar en la triste humedad del cemento,
curtiendo la mugre del suelo entre pulgas y chinches.
Inmóviles, reumáticos,
desasosegados.

Heridos por la ira y la injusticia.
Masificados entre los muros de la inquina.

Lugo, ciudad amurallada,
y dentro,
las piedras de las celdas herrumbrosas,
y el dolor.
La ironía y las flores negras del resentimiento.

Lugo, tanto dolor sin tregua.
Vejaciones y abandono.
¡Cuánta miseria!

ENTRE las mentiras y el hambre,
el dinero en las cárceles,
fue siempre una deuda continua
y un claro ejemplo de control.

Una peseta vieja y quince céntimos
era para ellos la escasa asignación diaria.
Carencia y frío.
Patatas, lentejas,
arroz atroz,
y unas pocas gotas de aceite rancia y sucia.

Sudor.
Hambre de abrazos.
Y en el estómago a raudales
eso humano que aún roe llamado libertad.

Los muros se erigen y crecen
en los vientres del miedo,
en las tripas vacías.
Ricino cruel el aire que hiede.
Ricino crudo los maltratos y el horror.

Si no tuviese ojos.
Si pudiese mirar para otro lado sin vergüenza.
¿Quién dijo sin rubor,
que el pasado estaba muerto?
¿Quién dice procaz y altivo,
quién se atreve a decir:
"habría ya que pasar página"?

¡CUÁNTO ha humillado al hombre
el infortunio!
¡Cuánto el engaño larvado en los hilos del silencio!
¡Cuánta ironía!
Los hechos lo confirman.
Así,
por restos de miseria reutilizados
para manualidades,
*Guillermo Castaño Díaz*,
labrador cacereño,
y a la sazón preso,
será castigado en la cárcel
por habérsele ocupado unas "*alpargatas*
*hechas con lona de las colchonetas*".

La balanza de lo justo nunca pesa el pensamiento,
aún sigue dudando de su propio fiel,
pródiga de su fulcro,
y ronda mintiéndose desnortada.

¡Cuán engañoso primor por la ley
traería al final la paz del Nuevo Orden!
¡Qué gran ejemplo
de Justicia carcelaria!
*O Vello Cárcere.*
¡Qué buen cultivo para tanta trampa!

Demasiados errores,
demasiada petulancia
entre tan pocas miras.

LOS números para los presos nunca cuadran.
Y este infierno que empezó siendo cárcel
para ciento veinticinco reclusos,
terminó como todos en error y aberración.
Panóptica cruel.
                    Panóptica letal.

Patatas y más patatas, mondas,
                                    rancho a la postre,
para más de ochocientos internos.
                                        Sed de piedad,
voz silenciada, trampantojo.

Lentejas o judías,
                    noche en ristre,
recalentando la ansiedad a mediodía.

Hambre de honor y de honradez. Falta de cálculo.
Sed de luz y de solidaridad.
                        ¡Fue tanta el hambre!
Reconocerlo,
                es hacer cómputo de las carencias.
Milagrosas gotas de aceite algunas veces
empapando de verde opaco el rojo de los sueños.

Se viste tantas veces el poder con la ignominia.
Se olvida tanto al otro.
¡Qué mente tan oscura!
                        ¡Qué cruel,
quien a sabiendas hiere, ataca o daña,
y tanto mal profiere!

ALLÍ,
        entre algunos escritos se leía:
el “Mitigal”, cinco pesetas;
bueno para la roña.
                        Y jabón “Afridol”, seis.
o “Sulfureto Caballero”,
muy eficaz contra la sarna.

Ardía la piel de mugre y costra,
                                        y el corazón
también ardió de pena,
                                siempre en brasa.

“Vigantol”, rico en vitaminas,
mejor que el aceite de bacalao, decían.
Y contra los granos o erupciones de piel,
tintura de yodo a gotas, cuatro en cada comida.
Alta avitaminosis y dolor.
                                Angustia. Frío.
Engaños y consejos.

¿Dónde lo sanitario? ¿Dónde el sol?
                                        ¿Dónde la sonrisa?
La humanidad brillando en su carencia.
Recetario de soledad.
Hambre contra hambre.
Y hombre por hombre.

No obstante, algunas veces,
                                y a pesar de todo,
algún buen gesto también tuvo su lugar.

CELDA sobre celda,
                    las mujeres arriba,
lugar angosto,
                    sin ventilación,
precaución entre internos por si acaso.

Mínima el agua, máxima humedad,
y el sueño inquieto al suelo.
                              Alta indigencia.
Y si llegaba comida de casa,
la requisaban.
          Sin dinero,
también la rabia se compra y se vende.

Otra sin razón, otro escándalo,
otro puñetazo en el alma.
Y, cómo no llorar,
cómo mirar sin más para otro lado.
Ronca tristeza entre unas mantas que eran de aire.

El frío a veces se olvida con imaginación.
El miedo nunca.
                    Morderse la lengua.
Rascarse el cuerpo sin parar contra las chinches.

Aquello, por fortuna, hoy es otra cosa.
Espacio cultural.
                    *O Vello Cárcere.*
Lugar para la investigación y la Memoria.

CON esa sed de vida entre el miedo y la muerte
que a todos ronda y merodea.
Asustada. Preñada,
                    y acusada de rebelión:
*Encarnación Ferreira García*,
leonesa, de diecisiete años,
parió en la celda entre el miedo y las lágrimas.
Parió,
      y de la cárcel de Lugo
la llevaron urgente a la Maternidad,
poco más se conoce…

Otras niñas, también, rapadas,
no mujeres aún,
secuestradas y condenadas
al escarnio y la vejación,
vivirían su cruz entre el temor y la miseria.

Panóptico ciego y falsario
de la mentira y la vergüenza.
                              Cárcel del pavor.

COMO siempre ocurre,
la guerra yerra.
La postguerra, también.

En ese tiempo,
y a modo de propaganda,
aparecería
un oscuro beneficio social:
la supuesta Redención de Penas,
a partir del trabajo externo de los reclusos.

Así, por día trabajado conseguían
dos días menos de condena,
pudiendo, además, enviar dinero a casa.
El silencio a veces no habla,
pero gesticula,
los carceleros bien lo saben.

De León, de Madrid,
de Vizcaya o de Santander,
mano de obra regalada.
Internos callados
y agradecidos respirando el nuevo aire,
consumando y asumiendo, sin más, la trampa.

Alzamiento Salvador,
la trama dispuesta:
reclusos, Empresa y Capital, al lado del Régimen.
Simulacros de mejora y formación.
Obreros baratos por los predios lucenses.

Las mujeres, aún,
estarían peor,
no podían trabajar ni dentro ni fuera.
Dependencia completa,
falta de integración,
la jugada perfecta.

QUE llore Lugo entero,
por un hombre del pueblo,
                    por un periodista.
Que llore el papel,
                del republicano “Ahora”.
Que empiece ya el luto y lloren las Letras.

Dejad que el pueblo muestre su dolor
por *Avelino López Otero*,
                    el poeta.
A golpes lo han rematado, y a golpes
lo detuvieron.
Ya vuelven con su hedor a sangre, ya aparecen
las hordas broncas de las flores negras.

Hay un temblor, un pasmo,
en el fulgor que aún retumba en las murallas.
Hay un dolor de versos encendido.
Han asesinado a tantos poetas.

Dejad que llore el fiel de la palabra,
que llore el fulcro del papel,
                    la tinta.
Dejad que el pueblo libre
asuma de una vez su llanto.

NO sólo el tiempo parecía tan seguro
de haber estado allí.

Bien saben los piojos su lugar.
Bien urde la lombriz su ser parasitario,
la suerte les va en ello,
igual que los supuestos vencedores
siempre viven y liban de los otros.

Humedad, escasez,
                    falta de higiene.
¿Dónde el aseo diario para los internos?
¿Dónde un lugar para su honra y su honor?
Vejación y abandono,
tanta desidia, tanta frialdad.

Triste caldero de agua siempre sucia
para lavarse la cara,
                         raíz de mugre,
raíz de la ilusión para poder lograr al menos
una vida más humana y más digna.
Estar preso es ser carne de cañón,
                                          hueso sin tuétano.

Es necesario revisar la historia,
avivar el recuerdo,
                    aliviar la mentira,
luchar contra el inútil hueco
de todas esas vidas y esas muertes.

Y AQUEL fraile franciscano,
tan ético,
mendicante de guardia y sebo, predicó:
"*Para que los buenos puedan gozar*
*de libertad,*
*los malos*
*tienen que estar encarcelados*".

Después se oyó el toser herido de los presos.
Toser desde la rabia hasta el estruendo.
Toser
y protestar tosiendo.
Alta repulsa
contra ese vil fraseo en mala hora.
Toser para reivindicarse y ser,
para sentirse vivos. Carraspear.
Toser.

Ruidos, ojos airados,
protestas, insultos.
Crueldad a borbotones,
abusos.
clero hueco, rijoso y sin piedad.

Las cosas siempre fueron así, nunca
pudo esperarse nada de esos hábitos,
jamás de su palabra,
ni sus ruegos.
La compasión nunca hizo gala en sus propósitos.
¿En qué llama arderá por fin tanta miseria?

"NI de cara a la luna,
ni en contra de la tierra,
                    ni jamás cara al sol,
cantaré canto alguno".

Dijo aquel preso derrotado y viejo.
"Yo ni canto ni bailo,
                    lo siento, señor."

Y a pesar de la rabia que azuzó al carcelero
entre patrios sentires,
                    sin ley ni razón,
nada logró mover el decir de aquel hombre,
nadie se atrevió a contrariar su decisión:

"Nunca he sido de estar
                    entre cantes y bailes.
Siempre cara a la muerte,
                    jamás cara al sol.
Mi mala racha sufro en silencio yo solo.
Déjenme ya tranquilo con mi paz y mi muerte.
Olvídense de mí.
                    Váyanse, por favor".

AL principio pensaron
en un solo preso por celda,
y al final más de doce vivirían
hacinados en aquel sector circular.

Siempre el miedo y el frío presentes,
constantes, testigos diarios.
Pocas mantas al uso,
y a veces cualquier trapo sucio
parecido a un viejo jergón.

En el suelo,
            en un ángulo,
a modo de letrina, un estrecho agujero
abierto, dirían, para desahogar.

Sin espacio, ateridos,
entre el hambre y lo oscuro,
                                víctimas primeras
de la rabia sin nombre que vendría después.

Sólo un preso por celda, dijeron.
                                        ¡Qué engaño!
Hay mentiras que nunca se deben callar.

EN la cárcel sufrían campesinos,
maestros,
periodistas.
Costureras, abuelas, madres,
estudiantes.
Carpinteros,
industriales,
ganaderos sin culpa.
Mujeres y hombres purgados sin pudor.

Trece de septiembre del cuarenta y uno.
Un juez terrible, *Ricardo*,
de apellido *Abundancia*,
firmaría en Lugo otra vil incoación.

Lugo, Trasparga,
Ribadeo.
Ciudades y pueblos, sitiados sin más.
Y un día tras otro, las cifras del terror.

Al final las sentencias serían de muerte
y el olvido en usufructo la única verdad.

SU gran delito fue la lealtad.
Su vigor, la insólita entrega
al fiel de la soledad contenida.
Su gran problema ser mujeres.
Presas y apresadas,
                las retenidas,
las vejadas y maltratadas
por "Auxilio a la Rebelión".

Aquella fue su culpa,
                su gran mancha,
su pecado de fatal sedición
para poder ser entregadas
como moneda de cambio, y así
obligar a los hombres sumisos a presentarse.
Madres o hermanas,
                compañeras, hijas,
parejas o familiares de huidos.

Aquel fue su gran delito, su lealtad
por amor,
        algo tan extraño
entre aquellos salvajes levantiscos
del llamado,
        a bombo y platillo,
ejemplar Alzamiento Salvador de España.

*CELDA catorce,*
celda colectiva y selectiva,
Segunda planta.
Sesgo torvo en el ojo altivo del Panóptico
alentando las diferencias,
segregando por castas,
separando:
Siempre lo mismo… quien tuvo, retuvo.

Abogados, médicos, ingenieros,
profesionales,
marcando el linaje.
Régimen carcelario menos estricto,
favores.
Sectarismo.
Y las flores negras otra vez
alimentando obscenas su horrible fragancia.

*Celda de los intelectuales.*
Vergüenza.
Excluidos del resto de los presos.
Diversidad carcelaria según la procedencia.

Cuánta ignominia en todo.
Cuánta falta de humanidad.
Hasta en lo mísero y lo simple,
hunde y urde en su fango el capital.

IGUAL que tú, *Lilo Bravo,*
cayó
cayó la rata en la trampa,
en tu estaca y tu treta de humor negro.

Y sintió el mismo pavor que tu sientes
contra el miedo,
contra el pasmo de pensar en el tiempo
de reclusión que aún te queda.

Treinta años eternos
te esperan aquí, en este *Hotel Canalejas,*
treinta horribles años en esta cárcel
de los nacionales en Lugo.

Prisión panóptica y servil
como el dedo sucio de esa otra rata dictadora
que a todos, y a ti también, acusa y acosa.

Pero hay que reír,
*Lilo Bravo,*
hay que responder con ese humor negro, pero digno,
para poder seguir viviendo y pensando en la luz.
Ay, la triste oscuridad de las pérdidas.

Fanal necesario y urgente el de la libertad.

*RAMÓN García Núñez*,
preso y antes gobernador.
*Francisco*
*Lamas*, alcalde y preso: fusilados.
*Roberto Ouro Vázquez*, diputado,
reclusos todos, de Izquierda Republicana.
Paisanos inocentes
y cobayas del Panóptico.

*Rafael de Vega Barrera*, ajusticiado,
presidente de Unión Republicana,
vejado y asesinado,
antes preso.

*Luis Peña Novo*, –vicepresidente–.
*Avelino López Otero*, poeta y periodista.
*José Rey Rey*, interno y de la CNT:

Ciudadanos lucenses,
carne de prisión.
Asesinados.

Urgen ya limpiar su honor y su honra,
y el luto aún debido a su Memoria.

NUEVE treinta de la mañana,
celebración
                    obligatoria de la Misa.
Panóptico de vigilancia,
                                        en acto de servicio.
Rigurosa asistencia, sin chistar.

En el momento grupal de la retirada
una reclusa sale de la formación,
corre, sin más,
                    busca la libertad,
y se arroja allí por la barandilla.

Gravísima y sin conocimiento la llevan
desde el piso bajo a la enfermería.
Todo es silencio.
Tensión,
            miedo, presión, vacío,
intento de suicidio,
                        casi logro.

La trampa siempre es larga y sinuosa,
la trama, una patraña.
Los valores religiosos demuestran
su falsa flor, su mentira,
                        su cruel tapadera.
Fecundas pantomimas y hueros teatros
que aún animan al fantasma Nacional.

Y ¿quiénes siguen siendo hoy responsables?

Mañana,
        otra vez la huella de las flores negras,
la estela de la tierra esparcida en el silencio,
y la celebración obligatoria de la Misa.

Sosiego y rezo,
   *Requiescant in pace. Amén.*

SIN consideración
y sin piedad alguna,
sin remordimiento;
la única mujer
ejecutada oficialmente en Lugo
entre mil novecientos treinta y seis
y mil novecientos cuarenta,
fue ella:
*Consuelo Alonso González*,
alias "La Comunista",
asesinada en Monforte de Lemos,
el trece de mayo de mil novecientos treinta y ocho.

Años más tarde,
le sucederían otras detenidas sin juicio
por el sangriento Movimiento Salvador,
tras ser secuestradas y paseadas
después de la farsa militar que las mal juzgó.

Esas serían a la postre las costumbres
y las formas de convivir en paz
que traería la vil e insurrecta España Nueva.

LA música no tendría la culpa,
ni la banda tampoco.
Tocaron obligados y a regañadientes.
Tocaron en el parque,
                algunos entre lágrimas,
mientras fusilaban a otros seis de los condenados.
*Rafael de Vega Barrera*, doctor
y director del Hospital,
                    sería uno de ellos.

Delante de la gente,
con la música en alto de testigo,
y para que sirviera de escarmiento,
los maniataron y allí mismo,
                    sin piedad,
los fusilaron.
        Fue en Octubre, a veintiuno
de aquel mil novecientos treinta y seis.

Mandamiento cumplido,
siguiendo las arengas y soflamas
de aquel terrible y sanguinario monstruo
de apellido Mola, quien gritó:

"*la acción ha de ser en extremo violenta
para reducir lo antes posible al enemigo…*".

EL aire herido lanza un ruego,
                    una plegaria,
por este extraño país que tiene a *Lorca* el poeta
en las alturas de lo cultural,
y al mismo *Lorca* anónimo diluido en los campos,
perdido, oculto y desaparecido.
Alzad el ciprés ya.
            Abrir la tierra.

Un ruego necesario ahora,
                una plegaria urgente,
por esta terrible cárcel de muerte en Lugo,
donde fueron tanto el terror y tanto el llanto.

No más silencio ajado.
            Ni vergüenza.
Inexplicable y ruin es tanto engaño,
tanta desmemoria y ajada Democracia.

Hágase ya la luz.
  Venga su claridad sin miedo.

EL sufrimiento,
            es una verdad computable.
La verdad,
            una obligación de búsqueda.
El recuerdo, necesidad.

Después de algo más de ocho décadas,
de todas las miserias y tristezas
fijas en el mirar de esta Panóptica,
en este *O Vello Cárcere* lucense,
Espacio Cultural del siglo veintiuno,
es necesario excarcelar el miedo,
                                    excarcelar
el recuerdo sin olvidar
la razón de todas las víctimas.

Las de aquí,
            las de cualquier cárcel.
Los desaparecidos
y los que aún funden sus huesos con la greda
de esas cunetas olvidadas
y en espera de Memoria y de duelo.

*"Mirar la tierra..."*
                        Alto es el luto hoy.
Alta la pena entre nosotros.
                                Sea.

# LA VOZ DE LAS CUNETAS

*A la justicia necesaria*
*y en memoria de todos los olvidados.*

MIRAR la tierra, contemplar
su misterio de la misma manera
que se observan los secretos del fuego.

Sentir las brasas
de los huesos sin nombre,
la llama incandescente del cráneo
crepitando en su alzado de inocencia.

Notar de pronto
el frío y el espanto anónimo
en el hogar candente del cadáver.

Palpar el cuarzo de los tuétanos
ya desaparecidos,
calibrar el silencio igual
que se tienta en el aire el hervor
cuajado de la leña.

A las ascuas de las heridas
aún no acude
la materia roñosa
de la memoria silenciada,
ni su ceniza sorprendida sopla
la calderilla de tanto mutismo cómplice.

A la luz de la greda y a las piedras
abrasadas por la vergüenza
                                        no se acerca,
el ácido trémulo de la osamenta,

ni a su espiga reseca el estremecimiento
apagado por piedad, es posible,
tras el tiro de gracia.

Mirar la tierra,
la tumba aterruñada de agonía;
observar en su espacio
la muerte destapada tras el miedo.

Buscar en los despojos de la historia
los pétalos de la luz,
                    la semilla
del silencio sublevado.

Las flores nuevas,
arcilla de la vida, saben
del alivio del frío y del cobijo
del hielo fértil nacido en la piel
de los asesinados.

La tierra guarda, para siempre,
el calor y los sueños
que le fueron ungidos por la vida.

Mirar su abismo con desprendimiento,
y guarecer sin tiempo
su lluvia cuando escampe.

ALGUIEN, tal vez muchos, dirán
que el tiempo es fruta ya macada
entre las mimbres de la espera.

Alguien dejará de llamar
a las cosas por su nombre esparciendo
el carbón
y el azufre de la maledicencia.

Pero después de tantos años
junto al peligro de la muerte oculta,
un poco de luz abrirá las cerraduras
de las promesas falsas y el dolor impune.

Es preciso saber,
ahora es el momento,
porque la vida, parábola y leyenda,
está pidiendo muestras,
del surco cerrado por el silencio herido.

Es preciso avivar la voz
de la verdad suicidada en las grietas
de la ausencia.
Es la hora,
de remover la tierra, de cortar
la soga terrible que anudó la tristeza
y moduló la pena.

ENTRE cunetas,
según dijera el parte funerario
del bando ganador,
y después de tantos tiros de gracia
ejecutados *magistralmente*
por culpa de la cobardía,
no existió, aseguraron,
nada de que arrepentirse.

Terrible escondrijo para el vacío,
altar solemne para el hueco,
frente a todo lo que pasó.

Lo que ascendió desde las fosas,
lo que sucedió en realidad,
limosna añeja de la historia,
está lleno de respuestas contadas
por el patrocinio axiomático
de los muladares.
                                        Crueles
ejemplos de los altos testaferros
de la sinrazón.
                                Verjas de la euforia,
esos panteones de paja envenenada
levantados a los caídos
por el látigo caudal de la cruz malentendida.

¿Qué baraja sin juego
protagonizó la suerte de los desgraciados
a golpes de tantas cartas marcadas?

¿Qué soledad de boinas
capadas por el miedo
atemorizó la sequedad de las noches?

Entre cunetas;
en ese cementerio
sin lápidas, en ese rincón del silencio,
hubo un frío mineral aquel verano tan largo,
aquel julio agobiante
trenzado de cristales e ilusiones rotas.

Nadie quiso interpretar con certeza,
la cartografía solidaria
de tanto dolor mudo.
Nadie quiso aliviar,
forja cruel de sienes yermas,
la sed de tanta muerte y angustia sin adiós.

Entre cunetas,
a pesar de tanta asepsia sin ruidos,
hubo un rumor de cal mezclado
con la humedad ardiente de los huesos,
un nicho de sueños donde guardar
la posibilidad del trébol diletante.

Según consta en los pliegues
de la luz estremecida y en el calendario
sin trampa de las flores,
la ronquera del silencio y el tiempo,
deberían dar el alta
a tantas ocultaciones.

Pero tan lejos ya
para hablar del perdón,
de la igualdad o de venganzas,
sabemos que a los desaparecidos,
sólo les queda el alzado de su memoria
y el duelo.
Su muerte no será nunca
una muerte doméstica,
ni sus manos cruzadas,
moldearán el espejo que la materia
entrega a quien la deja.
Mientras,
la memoria debida
se quedará esperando
el responso clarividente del sosiego.

ES posible,
que a día de hoy concedamos
mucho más crédito
–parece lógico–
al triste victimario
de una catástrofe televisiva,
que a ciertos hechos luctuosos,
no asumidos aún por una historia
normalmente manipulada.

Es posible aceptar sin más,
la perfecta factura
de un hecho por considerarlo,
actual o incluso cercano
a cierta hybris llamativa,

mientras parecen pasados de fecha,
todos esos muertos entoñados dos veces
entre las cunetas del miedo.

Pero se nos están muriendo
los testigos de entonces,
y el tiempo necesario
para poner las cosas en su sitio.

Lo recuerda un poeta,
citando a Passolini:

*No es que los muertos no hablen*
*es que hemos perdido la costumbre*
*de escucharlos.*

CONVERTIDOS
en el excedente programado de viejas
culpas.
        Convertidos
en el daño colateral de la sinrazón.

Intercambiados y encriptados
por un silencio a negociar
con las lágrimas de otros silencios consentidos.

Los muertos de las cunetas son la sequía
de los sueños, la libertad
líquida de una historia sin relato,
la piel de un hueco
en la memoria de un país
vergonzosamente callado.
                                        Sobran
en la aritmética de las víctimas
que aún adornan ciertos símbolos y paredes.

Sobran,
        almoneda olvidada,
en las nóminas de los sentimientos
de una época no cerrada.

Son la almendra pasa de un árbol
plantado por la ignominia,
                                        la greda
de unas sombras hueras regadas
por la vergüenza.

HAY familias
que vivieron el hervor de la tierra,
la pulpa de la maldición forjada
tras la pérdida de algún ser querido,
y saben de fosas y zanjas traicioneras,
saben de muertos asfixiados
por el infortunio sesgado del azar.

De niños les contaron que un abuelo,
murió de esa manera,
la tierra de la zanja en la que trabajaba
se le vino literalmente encima.

Es duro recordar
vidas en alza arrebatadas
por el vacío de una negligencia.
                                        Triste
no haberlos conocido.

Pero viniendo de la tierra,
fría madeja de simiente,
la causa del fallecimiento,
y poniéndose en lugar de cada cual.
No es lo mismo.
                    Nunca será lo mismo
la terrible fatalidad
del accidente o la muerte luctuosa,
hechos para una crónica de nieblas,
que ser asesinado y desaparecido,
aterronado sin duelo y a la fuerza.

Se vive demasiadas veces
en la espera conforme y en el sueño
de oír únicamente la voz del corazón,
pero ya es tiempo de escuchar el pulso
de los huesos en paz
y la liturgia que alce
de una vez para siempre su memoria.

Abrir la tierra.

LA lluvia de los años, su apertura
presta una ventana sin tiempo a la alegría,
un aguacero lleno de recuerdos.

Hay verdades a medias,
bóvedas detenidas,
que protegieron demasiadas veces
la impostura,
                    y verdades aire fresco
para salir del limbo secular de lo cerrado.

Aún quedan muchos visillos por correr,
amores viejos,
                    odios que limpiar
y despedidas mudas.

Aún quedan pueblos que sueñan
entre féretros fantasmas,
                              lágrimas
de un tiempo adormecido
por la convalecencia sorda de la razón.
Y vergüenzas acusadoras.

La lluvia de los días es un quicio
de luz cerrado a la neblina,
un sobresalto claro del silencio.
Y a pesar de los sucesos, y en contra
de la mala memoria,
fuente alocada de los simulacros,
esa muerte natal,

vivificante y a contracorriente,
avivará en el tiempo las brasas de la justicia
frente a tantas maquinaciones.

No se murieron, no,
ni están olvidados,
                                        sino aún presos
en el cautiverio de los ultrajes,
encadenados a las sombras hueras
de la memoria avergonzada.

A TODOS los culpables del olvido,
agria ruleta rusa desnortada,
las lágrimas dolientes de las víctimas
no les mojaron la pólvora.

No.
    No les mojaron la pólvora.
No oxidaron sus pistolas,
                                    ni el pulso
de esa tregua supuesta,
pentagrama de témpanos,
que arrastró con su espanto la victoria.

En el arsenal efervescente
de la resaca dictadora,
                                en el carrusel
dilatado de la mala conciencia,
nunca hubo sitio,
                        nunca vecindad
para las manos ofrecidas.

Solo la sumisión,
                        la costra de la herida,
es lo que siguen buscando las secas
miradas de los vigilantes;
la pasión ideal del centinela
con su hechura de furia y fortaleza
ofrecida al platónico edén de su estamento.

IGUAL que en todos,
en este país
de fosas precintadas, hay museos,
invocación de ilustres,
en los que existe una sección entre vitrinas
dedicada normalmente
a los vestigios más antiguos.

Hay estudios de Paleontología,
pellizcos de luz programados por la ciencia,
y restos de otras épocas
al aire libre de la historia.

Y zanjas,
muchas zanjas por abrir.

Pensemos, solo al paso,
en el deslumbramiento repentino
ofrecido por una memoria más abierta.

Imaginemos
que las fosas hoy en plena floración mágica
se exhumaran de una vez, y pudiéramos
observar el fermento de la tierra,
levadura nunca frágil,
adobada entre el liquen de los huesos.

Y con el aire trémulo y el ulular
de los deseos, comprobásemos atentos
la servidumbre valiente y el sílice
sumiso de la zanja hospitalaria:

¡Soñar despiertos!
Siempre al hombre
se le dieron más la imaginación
y la naturaleza –aves de la alegría
volando a vuelo raso–,
que la razón entre la certidumbre
de ciertas ciencias controlables.

Igual que en todos,
en este país escaso de remordimientos,
aún quedan candados por abrir
y muertes olvidadas
por el sacrilegio culpable de la espera.

¡QUITADNOS
esta piedra,
estas sombras
ya de encima.
No la yerba
ni su olor
que nada ocultan!

¡Quitadnos
este peso
ingrávido
que aprieta.
Su canto
de maldad
emponzoñada!

¡Llevaos
esta culpa
que no
nos pertenece.
No es nuestra
ni su voz,
ni su cuidado!

Ni la tierra,
ni el cadáver
que fue cárcel,
ni los huesos
que son nuestros
ya mondados
nos limitan.

Nos aprietan,
mucho más,
y nos ahogan,
vuestras trampas,
su muralla
tejedora
de silencios.

¡Nosotros
no pedimos
estar en este hueco!
Ni la flor
lo quería
ni sus pétalos,
tampoco.

¡Nosotros
no elegimos
vivir en este tiempo!
Los relojes
y su péndulo
lo han sabido
desde entonces.

¡Nosotros
no quisimos
morir de esta manera!
Aún suenan
nuestras voces
y las balas
en el aire.

Es seguro,
que la muerte
nos iguala,
pero muertos
celebrados
y matados
no es lo mismo.

No es lo mismo
exhumados
que perdidos.
Asesinados
o escondidos,
no es lo mismo
que enterrados.

No es igual
cumplir el duelo,
que este réquiem
sordo y hueco
anudado
para siempre
a las cunetas.

¡Quitadnos
ya este peso,
este miedo
en contra
de la historia
y del sentido
que es el vuestro!

LAS fosas
de los asesinados son las huellas tristes
de un vacío licuado, el cero
absoluto del respeto fértil.

Hay campos magros de justicia,
cunetas mondadas que en sus crestas estériles,
aún conservan los frutos más ácidos
de los tiros de gracia.

A pesar nuestro, los horrores
desfilan por las pasarelas roncas
de la historia con sus guantes blancos de gala,
ascuas de un tenebrario programado,
ocultando la sangre seca de las víctimas.

Las risas de los verdugos redoblan
todavía el réquiem residual
–timbre oscuro y fratricida– de la indolencia.

Y en algunos oídos siguen resonando
los motores broncos de los camiones asesinos
"paseando" sus triunfos.

De nuevo el olor del orín mezclado
con los sudores de un miedo sin culpa,
haciendo añicos para siempre
la presunta belleza de cualquier victoria.

Las fosas de los asesinados son las huellas
de *una labor sin duelo.*
Y a pesar del terror,
son las playas de un mar
que busca sus olas entre nosotros
*haciendo nuestros* para siempre
*la existencia* y el luto *de un vacío.*[1]

[1] La cursiva es una cita referencia a Carlos PIERA en la "Introducción" a *Tomás Segovia. En los ojos del día: antología poética,* donde se lee: "En el caso de una tragedia requiere, inexcusablemente, la labor del duelo, [...]. Es hacer nuestra la existencia de un vacío".

ENCONTRARON su foto
guardada entre las páginas de un libro,
un manual de los que en formato enciclopedia
explicaban de todo.
                                        Era la imagen
de una mujer con el rostro aniñado
retratada con ropas de domingo.

Y una fecha detrás,
                                            carne aritmética,
demasiado cercana
al tiempo de su desaparición.

¿Quién podría asegurar con certeza
                                                                        que el vestido,
que ese mapa de flores
que lleva puesto con tanta alegría,
no era el mismo que aquel
con el que la vieron salir de casa
al lado de su amiga,
hoy también desaparecida?

Una fota,
            barrica rota a bocajarro,
tinta del tiempo,
es algo más que un recuerdo,
es la solicitud del aire
para darle a la nata de la tierra
el oxígeno en alza de la vida.

IGUAL que el olor
de la fragancia aderezada
por la herrumbre vigilante
del alambre de espinos.

Igual que el aliento
arrebujado y último
de la desesperanza.

Así,
        se pierden en el aire,
las lágrimas que quedan
sin huella, disipadas,
en los olvidos cómplices,
y en el miedo licuado
por un mundo hecho de silencios.

EN la hoguera del tiempo,
entre sus brasas,
hay veces que resulta difícil
orear el frío inabarcable del mundo,
fecundar, si cabe, el secreto de su llama
con el agua de la cobardía.

Después de que los obligaran
a subir a los coches,
varios vecinos dicen que los "paseados",
–actores a la fuerza
de una ópera nunca bufa–,
desaparecieron en una carretera
secundaria.
Algunos testigos
afirman contundentes,
que fue justo allí,
otros aseguran con claridad
que los disparos fueron más abajo.

Cinco serían, cuentan,
los fanáticos asesinos del camión,
los que apagaron,
fiebre de canallas,
las luces de los faros
y los bajaron
a gritos y a palos con las pistolas
por delante.
Cinco aullidos humanos
en forma de gresca obscena gritándole

loas al sol,
que a golpes, y entre risas,
les exigieron cavar su propia fosa.

Quince ráfagas contaron, al menos,
los entrevistados, y todavía,
¿indulgencias de la memoria?,
alguien, tembloroso, recuerda hoy
la desazón de los escalofríos:

¡Hielos de la historia,
carámbanos del hombre!

En los atrios de las iglesias no aparecen
sus nombres. Ni sus apellidos
se leen en las plazas:
Trámites fantasmas
de un tiempo siempre acobardado.

Y ¿DÓNDE irán ahora
el estremecimiento y la ceniza
ferruginosa del clavo más viejo,

el que sirvió de calibre y puntal
al portalón antiguo ya caído,
y maduró su herrumbre al lado

de los huesos que en esta fosa abierta,
se van haciendo a la luz?

(Año de la “victoria”)

AL principio los elegidos
serían diez.
Nueve acabaron fusilados,
según consta en el monolito,
erigido en su nombre
hace ya más de treinta años.

El pueblo, cualquiera,
los datos fiables:
“Tres de junio,
mil novecientos treinta y nueve.
Noche casi dormida
en la estela del verano,
al final
–pasados ya dos meses–
de una guerra fratricida”.

Hoy, cuando se cumplen ochenta y seis
años de aquello,
es hora del desvelamiento.

Pensar en el silencio,
en ese frío
de los muertos esperando todo este tiempo
para cumplir el duelo,
es sentir un vacío similar
a la vida sin muchos
de los nacidos en aquellos tiempos.

Negarles hoy la historia a nuestros muertos,
es como vivir sin los sueños de quienes nacieron
aquel año terrible
llamado “de la victoria”.

ROGUEMOS a la tierra
que cuente la verdad.

¡Roguemos!

A la verdad, justicia;

a la justicia, duelo;

al duelo, comprensión;

a la comprensión, temple.

¡Roguemos!

Al temple, la memoria;

a la memoria, fuerza;

a la fuerza, perdón;

al perdón, la firmeza.

¡Roguemos!

A la firmeza, datos;

a los datos, rigor;

al rigor, el recuerdo;

al recuerdo, ilusión.

¡Roguemos!

A la ilusión, más vida;

a la vida, la luz;

a la luz, aventura;

a la aventura, tierra.

¡Roguemos!

¡Roguemos a la tierra
que cuente la verdad!

¡Roguemos!

Y, SIN embargo
haciendo de la espera vigilancia,
rigor y mansedumbre,
debemos mirar hacia adelante.
                                        Pensar
–como esa flor que abre la primavera–
que hay una posibilidad
de que algún día un juez,
un juzgado o una magistratura,

tomen la claridad de la memoria necesaria
como una antorcha,
                        como
unos ojos alejados del tiempo
con los que iluminar la oscuridad
y el viejo frío de tantos huesos que aguardan
nuevos aires que oreen la justicia.

(Canción de la vera)

A LA vera, vera
de la nueva nada,
del vacío hueco
de la vieja zanja,
que a secreto huele
que de olvido espanta,
que brama en la historia,
que cruje en su trama:

A la vera, vera
de la fosa blanca.

Huesos, mundo, mondos,
tierra, guerra, cala
de abandono, mundo,
vera de la trampa
de la tierra al lado,
tierra en surcos, cala,
vera de la vera
siempre al lado hermana
del horror en huesos
inocentes de albas,
del terror del tiempo
que reseca el alma,
sucia noche hundida
en la huera cala,
calavera y guerra
que nadie destapa.

A la vera, vera
de la vieja trampa
y el vacío hueco
de las nuevas salvas,
que huelen a espanto
y a olvido que brama:

¡Ya ronca la historia!
¡Ya grita la zanja!
¡Ya piden las fosas
aire y no venganza!

NO basta un cuadro,
ni los mausoleos arcanos de grandezas,
ni unos brazos crispados
o un gesto herido de pavor.

No bastan falsos equilibrios en los versos,
ni una corriente artística
cumbre de la estatura más solvente,
para esconder los gritos,
para hacer estético lo terrible
y desmantelar el dolor.

Los asesinados no son
como el resto de los muertos.
                                        No callan
de la misma manera, nunca quedan
gritando en el mismo silencio.

No hay casa alguna
ni aposento posible donde guardar
la bruñida y alta nervadura de sus voces.
No hay piedra virgen para guarecer
los gritos sin abrazos
que aún se escuchan.

El grito del poeta y el grito del maestro,
los gritos lacerantes de las fosas,
nos siguen observando
                                  llenos de preguntas.

Y a pesar de los simulacros,
no basta el tenso frío que dormita
en los sótanos de ciertos museos
o en algunas fundaciones cluecas malvendidas
al hueco cultural de sus ofertas.

No es arte ni palabra sólo el marco
crucial en que se encuadran las cunetas.

LA mansedumbre
de los aperos de labranza,
las herramientas
para la construcción,
                    son duraderos.
Van de padres a hijos
                    como la tierra o la historia.

¿Cuándo será el momento
para esparcir de una vez las semillas
del misterio que calla,
el estambre del pulso huérfano
que nunca le fue tomado al silencio?

¿Cuándo,
          –con la vieja herradura
del caballo alocado de los sueños,
y desde la transparencia del cristal del sudor–,
a pico y a pala,
               a sangre,
a azada serena y a cuerpo,
empezaremos a contar
el secreto de los asesinados?
                         ¿Cuándo
se verá de verdad la flor
de la tierra madre y los nudos de la roca
atados a esta larga noche de vigilias?

Alguien soñó
ver la herida del barranco vencida

y los copos de los terrones
desmigados por el óxido de la pala,
por la punta del pico abriendo de uno en uno,
los pliegues de la arena.
                                        ¿Para cuándo
el temblor de las luces
                                        en las lamparillas del duelo
encetará la verdad del cadáver que aguarda
tras tanta pesadumbre?

PONGAMOS que lo más sagrado
de esta encina
          –nunca ciprés–
perpetuada en el cuadro para siempre,
no esté en las manos del pintor
–sabias en formas de árbol–,
sino en las huellas de su propia historia.

Otros árboles
          marcaron, es claro,
el estilo peculiar del artista.
Y algunos fresnos y raíces
dejarán, a la postre,
una semilla pictóricamente necesaria.

Pero, el arte es otra cosa.
                    ¿Qué hacemos
si seguimos confundiendo los mensajes
del campo y su misterio?
¿Qué hacemos equivocando los hechos
con las verdades imposibles?

¡Cuánta sed de permanencia en el árbol!
¡Cuánta armonía
               acude limpiamente
al sosiego del pintor en la mirada!

Y la encina, ofrecida,
                    ahí está,
prestándole su voz al aire,

dándose entre la crin
de su vuelo y las ramas,
que van más allá de genios y talentos,
más allá de la pupila de cualquier hombre.

¡Vedla!
Su magisterio vegetal
está en la hechura añosa y triste
que la viene conformando:
"la encina de los fusilados".

Aseguran los viejos del lugar
que a sus pies
hay algo más que tierra y yerbas.
Cuentan
que allí aún siguen enterrados
los cuerpos de algunos mozos del pueblo
que fueron "paseados" cierta noche
por unos señoritos que vinieron
de fuera con aquellas camisas recién planchadas.

A PESAR de tanta madurez,
la tierra no tiene arrugas
                                        y el hueso,
el blanco y mondo hueso,
que la ensalza y la vive en el dintel
del tiempo, no envejece.
                                          Es alto
el vuelo de su redención.

Alta la primavera del calcio ofrecido
a la clara memoria del desvelo.

Porque los muertos no envejecen,
y menos aún los cadáveres
                                        olvidados,
los nombres descartados de la historia.

Nosotros sí.
            Nosotros mostramos arrugas,
surcos de un acero indolente,
sobre todo en el alma,
                                  pliegues
retorcidos y férulas
entre la grava y el cuero de los valores
vacíos que revocan la conciencia.

La tierra no tiene arrugas
                                        y respira,
suspira por la herida que la eleva del suelo,
respira por la fractura de la traición

y se rebela,
se entrega contra tanta dejadez,
tanta desgana.
¿No escucháis
el grito del cuarzo y las voces
del sílice arañando tanta lejanía?

¿No notáis el paso del cierzo crudo,
el latir de las sombras
doblegando el metal de los cerrojos?

La tierra no tiene arrugas y el sol,
pálpito esclarecido por el aire,
sigue esperando la lucidez
y el trato necesario que merece.

AÚN en los diarios
hay demasiados huecos por cerrar,
hilvanes sueltos,
rodelas enredadas adrede entre las palabras.

Decir asesinato a secas
es nombrar solo,
                    de manera puntual,
la muerte violenta,
la poda de la vida a manos de otro,
normalmente emboscado e intrigante.

Decir, sin más,
                asesinato,
es definir de repente una opción
que utiliza el poder,
                    larva de espinos,
y esconde sus intenciones con estrategias
avaladas, pongamos,
por cierta superioridad.

La muerte
de aquellos inocentes "paseados"
en los años treinta, no fue
sólo eso que suena al nombrar
únicamente asesinato.

Al nombrar sólo asesinato,
sin ningún atributo,
se olvida el subterfugio,

se esconden los ardides
de quienes planificaron la acción.

Lo de entonces
                    fue un proceso pensado
y ejecutado,
contra aquellos tiempos de luz,
contra un posible espacio
para una cultura mejor.
Una encendida decisión,
un carámbano de odios planeado al detalle,
para acabar con la alegría,
para borrar un modo
de pensar y de vivir, al que aún,
a pesar nuestro,
le está costando mucho izarse.

Pongamos, claramente,
que nombrar asesinato, es hablar
más bien de asesinamiento,
                                        o ejecución,
de fusilamiento brutal premeditado.

ENTRE tanta maledicencia:
¿Dónde quedó la lucidez,
                              el compromiso?
¿Dónde la justicia, la vida
alejada de su propia barbarie?

¿Dónde la liturgia benigna
que se espera de una cultura oficial,
ofrecida a la aurora real de la osamenta?

Qué bien lo saben
las sombras y el incienso de los trigos
crecidos sol a sol
y abiertos frente a las cunetas.

Y mientras tanto,
en muchos corazones permanecen
encendidas las luces de la voz
                                        y la razón,
pero el osario del recuerdo sigue en vilo.

(En memoria de las exhumaciones ya realizadas)

UN resto de tela extraño
entre los huesos y el humus,
piedras de cuarzo blancas,
varias puntas oxidadas, y palos
de algún tronco anterior.

Dos piezas de tejido
entre retales misteriosos
y trozos de chaqueta,
                    o el posible bajo
de un viejo pantalón.

Y al lado un triste y único zapato,
un solo zapato junto a un cráneo,
rastro aliviado del olvido,
allí, donde quedaron hueras,
tantas víctimas de un asesinamiento brutal.

No son cosas de entonces,
es la voz de las cunetas.
                    Son gritos silenciados
junto a un objeto tosco,
                    calzado del pueblo,
cuero áspero y de buen material.
Aún late el pulso candente
en la huella y el recuerdo de tanto terror.

Peso recio de la angustia,
                    este calzado aprendiz
de la vida y del olor de la tierra,
del carámbano insomne
de los cuerpos húmedos, rematados
y tirados con el desprecio
de quien dispara al montón.

Vieja suela ignorante del dolor
de algún posible panadero,
tratante, o campesino,
contador de grandes historias
que quedaron dormidas en su boca para siempre.

¡Cuántas cosas sencillas,
cuánta serenidad
y alegría se habrán ido tras de ellos,
sin querer!

COMO una niebla que caldea y sobrecoge,
y casi sin darnos cuenta,
                                        los muertos
siguen en vigilia rondando
en las cenizas de esta vieja casa
que llamamos mundo.
                                    Ya sea
entre los huecos blancos de un poema,
ya entre la greda de una frase por decir.

Considerar la fuerza de su entrega,
secreta luz de savia, es algo más
que un recuerdo crucial o una nostalgia.

Nunca sabremos por qué, pero siempre,
sobre todo en verano
                              en tiempo de vencejos,
–y así como sucede con las caracolas–
por las tardes parece que desde el campo llegan
extraños rumores sagrados
que siguen alegrándonos la vida.

DESAPARECIDOS en las paredes sin nombre.
Desaparecidos en las mimbres del recuerdo.
Desaparecidos en los coágulos de la historia.
Desaparecidos.

Abandonados por las arcadas del tedio.
Abandonados por los espasmos ideológicos.
Abandonados por las resacas del poder.
Abandonados.

Abandonados, desaparecidos
y olvidados
por los excesos de la prisa
y las rabias del bienestar.

Y perdidos,
para siempre perdidos.

Abrir la tierra.

# ÍNDICE

Esta primera edición de *Abrir la tierra* de Luis Ramos de la Torre
terminó de imprimirse en Antequera (Málaga)
el 10 de octubre de 2025, fecha en la que se
conmemora el nacimiento de
Mercè Rodoreda.

PUBLISHERSFORPALESTINE.ORG